JULES

A SON FRÈRE ET A SES SOEURS

Aimer, c'est là vivre.

PARIS

IMPRIMERIE D'E. DUVERGER

RUE DE VERNEUIL, Nº 4

1847

JULES

Une vie humaine n'est pas une suite d'événements ; c'est essentiellement une suite de sentiments. Les événements n'ont d'importance que par l'influence qu'ils exercent sur notre vie morale, et ceux-là seuls sont dignes d'un souvenir qui sont devenus événements de notre âme en la modifiant. L'histoire d'un homme, c'est l'histoire de son âme, pour qui ne déplace pas le centre de notre existence, et cette histoire peut être pleine d'intérêt et d'une saisissante beauté dans la vie la plus unie. Sans doute nous éprouvons une admiration plus prompte et plus vive quand nous voyons la foi triompher dans des luttes difficiles et grandir avec le péril ou l'épreuve. Mais pour être plus manifestée, une vie chrétienne ainsi agitée n'est pas plus belle qu'une vie simple, heureuse même, si elle a été sincèrement donnée à Dieu.

Dans une grande douleur il y a un appel positif au combattant de revêtir ses armes. N'y a-t-il pas une fidélité plus délicate dans l'éveil spontané de la conscience chrétienne pour engager

le bon combat alors que rien n'y invite extérieurement ? Peut-
être pourrait-on dire que l'amour du Seigneur apparaît plus personnel, plus intime chez celui qui a reçu peu de leçons des événements.

Telle a été la vie que nous voulons raconter. Aucun événement saillant ne l'a signalée. Elle a coulé paisible et bénie. Notre
ami bien-aimé a été recueilli en son repos dans cette fleur de jeunesse que Dieu semble vouloir épargner. Mais, dans ce peu d'années, au sein du bonheur le plus complet, nous l'avons vu atteindre une maturité chrétienne, qui n'est en général réservée qu'à
cette élite des enfants de Dieu, qu'il a longtemps exercée dans la
souffrance. Ceux qui l'ont connu de près trouvent dans son
souvenir quelque chose qui rappelle d'une manière toute particulière la bonne odeur de Christ dont parle l'apôtre. C'est ce
parfum de Jésus que nous voudrions recueillir.

La vie de Jules, dans ce qu'elle a de paisible et d'uni, a le
caractère rare de nous montrer la nature et la grâce merveilleu-
sement harmonisées. Dans un caractère plus difficile, dans des
conditions moins chrétiennes, si l'on peut s'exprimer ainsi, le
christianisme apparaît longtemps comme opposition à tout ce
qui l'a précédé. Il doit retrancher les rameaux qu'une séve cor-
rompue a nourris, et il faut bien du temps avant qu'il se soit in-
filtré dans toutes les branches de l'arbre et qu'il ait fait éclore
une végétation nouvelle. Mais quand Dieu a, dès ses plus tendres
années, éveillé un cœur à son amour, quand le levain de l'Évangile a pu pénétrer la pâte alors qu'elle était peu résistante, que
l'enfant sous la bénédiction d'en haut a crû en même temps en
stature et en grâce, n'est-il pas compréhensible que ses dons naturels se soient conservés dans leur intégrité en se purifiant, que
sa piété soit plus *humaine* que celle de celui qui a dû, sous l'ai-
guillon du Seigneur, rebrousser subitement chemin? La rédemption apparaîtra dans une pareille individualité comme le

rachat de toutes ses facultés, et nous aurons là un nouvel exemple que Christ est venu restaurer par son sang, et non effacer l'empreinte primitive que nous avons reçue du Créateur.

L'œuvre du Seigneur a commencé en Jules presque avec sa vie. Son enfance fut une aimable prophétie de tout ce qu'il devait être. Nous y retrouvons tous les traits délicieux de son caractère à peine accusés, il est vrai, mais dans son développement les mêmes lignes n'ont fait que se prolonger. Il eut le bonheur, dès les plus tendres années, de vivre dans un milieu chrétien. C'est à la lumière de l'Évangile que tout lui apparut pour la première fois, c'est-à-dire qu'il put tout voir dès l'abord à son vrai point de vue. On conçoit l'avantage inappréciable de cette infiltration de la vérité dans une jeune pensée; c'est parce que l'erreur s'implante ainsi, en général, qu'elle est si forte. Les idées sucées avec le lait sont comme mêlées à notre substance morale, et quand la vérité est dans ce cas elle acquiert l'indestructible puissance du préjugé : le préjugé n'a d'influence que comme souvenir d'enfance. C'est en grande partie à cette connaissance précoce du christianisme que Jules dut la sérénité de sa foi. Il n'a pas connu le doute. A le voir si fermement croire, on était plus disposé à croire soi-même. Évidemment il y a un danger à connaître sitôt la vérité céleste. Il y a moins de chance à ce que plus tard, si l'on s'est détourné, on en soit fortement saisi. Il y a dans l'imprévu de la lumière d'en haut comme une foudre du Seigneur pour renverser les Saul. Ce péril existe surtout quand l'éducation chrétienne se croit tenue à une sévérité et à une raideur que ne comportera jamais l'enfance. Combien n'est-il pas diminué, quand on lui laisse sa liberté permise et ses joies innocentes, respectant une volonté de Dieu dans cet air de fête qu'elle porte avec elle ? Dans une famille nombreuse et tendrement unie, la piété de Jules put éclore à l'ombre des plus doux sentiments. Ce fut bien au Jésus serrant sur son cœur les

petits enfants qu'il fut conduit, et non à un pédagogue sévère ;
image peu attrayante sous laquelle notre Sauveur apparaît trop
souvent aux enfants dans une éducation chrétienne par ce qu'elle
a de consciencieux, mais non par ce qui lui manque de tendresse
et de liberté. C'est par l'amour que Jules fut amené à Celui qui
est amour. L'appel de son Dieu lui vint dans le sourire de sa
mère. Aussi ne l'oublia-t-il plus. Les affections de famille ne
purent jamais chez lui se séparer de l'affection des choses qui
sont en haut. La vérité chrétienne eut toujours pour lui le charme
et la fraîcheur de ses impressions d'enfance. Il est bien un vivant exemple de cette promesse que Dieu bénit celui qui l'aime
jusqu'à la troisième et quatrième génération ; car cet amour devient des traditions de la famille. C'est la perle de cet héritage
toujours transmis.

La lecture de la parole divine, spécialement des beaux
récits de l'Ancien Testament, faisait les délices du jeune enfant. Sans turbulence, d'une douceur remarquable qui n'ex-
cluait point la vivacité aimable, les jeux bruyants ne lui suffi-
saient pas, et très jeune il aima lire. Plus tard, ce fut une
sorte de passion pour lui. Sa facilité fut de tout temps prodigieuse ; il n'a presque jamais connu le labeur pénible, il n'a
fait que moissonner. Ainsi, ce qui est en général un tourment
pour l'enfance, fut pour lui la distraction qu'il préféra ;
d'ailleurs, le sentiment du devoir était déjà très développé en
lui. Sa conscience était si délicate, que le châtiment le trouvait
rarement rebelle. Il cédait à la moindre observation. Jamais le
moindre détour dans sa parole. Et il ne faut pas se le représenter
comme un de ces enfants sages par tempérament, dont la sagesse est, ou bien de la pédanterie précoce, ou de l'assoupisse-
ment paresseux ! Jules était le type de l'enfant joyeux. Jamais
la santé ne brilla d'un coloris plus vif que celui qui animait ses
joues ; sa gaieté éclatait moins peut-être que celle d'autres en-

fants , mais elle était plus foncière , moins variable. C'était le
sourire aimable d'une sérénité que rien n'altérait. Avec des
affections de famille presque passionnées, il n'avait aucun exclu-
sisme ; sa bienveillance le signalait déjà. Les serviteurs de ses
parents le chérissaient. Mais ce qui le distinguait surtout, c'était
une sensibilité exquise. Ce don est bien rare chez un enfant.
« Cet âge est sans pitié ! » mot qui n'est que trop vrai. Pour lui,
il n'a pas connu, je ne dirai pas l'égoïsme, ce serait exagéré,
mais de période d'égoïsme. Il y a un trait qui le caractérise
tout à fait. Sa grand'mère malade était retenue dans sa chambre.
Jules, qui la chérissait, ne pouvait se distraire de sa douleur. Il
voulait à tout prix rester près de son lit. Il faisait une belle journée. Sa mère désirait qu'il en profitât. Elle le fait sortir. Mais
bientôt il revient et se jette dans ses bras en disant : « *Il fait trop
clair dehors,* » mot délicieux, saillie de cœur qui annonçait ce
qu'il devait montrer de compatissante sympathie.

Ce jour qu'il trouvait trop clair, il était pourtant capable d'en
goûter la beauté. A une époque antérieure, se promenant avec sa
mère à la campagne, ému de la beauté des champs reverdis, il
voulut prier, et il exhala son admiration dans une humble et
enfantine prière. Ce besoin de la prière fréquente, en dehors
du cadre des dévotions journalières, nous le retrouverons toujours chez lui.

Avec ce caractère doux et facile il semblerait naturel que le
sentiment du péché ne se fût éveillé que tard dans le cœur de
Jules. Mais le plus beau don qu'il eût reçu de Dieu était une
conscience délicate et tendre : il avait au plus haut degré ce
qu'on pourrait appeler la sensibilité de la conscience.

Voici une conversation qu'il eut à l'âge de quatre ou cinq ans
avec sa mère et qu'elle écrivit aussitôt : « Je lisais avec mon cher
petit Jules la parole de Dieu ; il était parlé des pharisiens qui
aimaient à se promener avec des robes longues. Mon enfant m'in-

terrompit pour me dire : « Cette robe-là n'est point la robe de noce . — Et qu'est-ce que la robe de noce? — C'est la robe de justice, celle qui est donnée à ceux qui croient en Jésus-Christ. » Il en vint de là à ceux qui portent du fruit et à ceux qui n'en portent pas. Il parla du figuier, dont il est question dans la parole de Dieu, me disant : « Je croyais d'abord que c'était l'arbre qui n'aimait point Dieu; mais à présent j'ai compris que c'était une comparaison de l'homme qui n'aimait pas Dieu. Il y a ainsi de bons et de mauvais arbres qui portent de bons et de mauvais fruits. Pour moi, je suis un mauvais arbre, ah! un bien mauvais arbre; je suis sec ; je ne porte point de fruits, parce que je n'aime pas Dieu ; je n'aime pas mon Sauveur; je l'offense sans cesse. Cette semaine, ne t'ai-je pas fait bien des chagrins. Oh ! je le sens, j'ai beaucoup offensé Dieu ; je n'ai point porté de bons fruits ; je ne suis pas un bon arbre. »

Ces mots étaient si peu une vaine redite que l'enfant fondit en larmes et pria avec ferveur le Seigneur de lui pardonner et de lui donner de l'aimer.

Combien il est précieux de recueillir de tels aveux d'une bouche enfantine ! N'est-ce pas une preuve de plus qu'il n'est jamais trop tôt pour conduire à Celui qui ôte le péché du monde? C'est un des traits les plus caractéristiques de Jules que l'absence complète de propre justice. Il n'a pas eu cette grande crise d'humiliation qui accompagne ordinairement la conversion, parce qu'il n'a pas eu de grande crise d'orgueil. Il a toujours marché avec les humbles, le regard fixé sur son Sauveur. Ces fautes cachées dans les replis du cœur, cet esprit du mal qui n'a pas besoin de se révéler en actes pour affliger une conscience scrupuleuse, le faisaient soupirer après le pardon, comme s'il eût gémi sous le poids des plus grands péchés.

« O ma mère, disait-il un jour à la même époque, ces pauvres gens qui n'aiment pas Dieu, leurs corps resteront sous la terre et leurs âmes iront en enfer ! Que je voudrais qu'il y eût plus de chrétiens ? » Ce vœu de l'enfant fut le rêve, le désir ardent du jeune homme. On peut dire que sa vie en fut caractérisée. De très bonne heure il se sentit une vocation décidée pour le saint ministère. Sans doute il n'en comprenait pas encore toute la sérieuse beauté ; mais cette pensée d'avenir n'était pas un simple amusement de son imagination d'enfant ; il ne jouait pas au ministre. Chaque jour il priait Dieu de pouvoir le devenir, et il n'y était pas poussé par ses parents ; ils respectaient trop la sainte carrière, objet de ses vœux, pour ne pas redouter toute influence extérieure et pour diriger par un calcul d'éducation ce qui doit être essentiellement libre et personnel. Évidemment, c'est dans le milieu où Jules vivait qu'il prit l'idée du ministère, mais rien de plus. On ne peut rapporter qu'à Dieu le sentiment vif de sa vocation. Dans cette atmosphère morale qui nous entoure et où nous puisons involontairement nos premières idées, il y a quelque chose de providentiel. C'est toujours le vent qui souffle où il veut ; il s'agit seulement qu'aucune autre influence ne se mêle de notre vocation. S'il en est ainsi, l'appel divin n'est pas moins direct et il garde tout son mystère.

A l'âge de huit ans, Jules fut mis en pension ; il eut le bonheur d'y retrouver l'éducation chrétienne de la maison paternelle, précieux privilége qui préserve l'enfant d'une connaissance anticipée de l'opposition à l'Évangile. A l'âge où l'on est passif vis-à-vis de ses impressions, où on les subit sans réagir sur elles, il est bien important que les saintes traditions de la famille ne soient pas ébranlées. La pension telle que Jules la trouva, c'était la famille agrandie ; le père n'y manquait pas. Une affection toujours éclairée et ferme, une fermeté toujours affectueuse, c'est bien là le trait paternel par excellence. Telle fut la direction sous laquelle Jules passa quelques années. Tous ceux qui ont vécu chez l'ami précieux auquel il fut confié n'oublieront jamais le temps écoulé sous son toit. Quand on a vu son maître prier avec larmes après avoir puni, c'est plus que de la reconnaissance, c'est un sentiment tout filial qu'on éprouve pour lui. Aussi un de ses élèves, après avoir perdu son père, atteint lui-même d'une maladie mortelle, est-il venu retrouver les douceurs de la famille auprès de son ancien instituteur. Le souvenir de cet ami se mêle tout naturellement à celui de notre bien-aimé frère. Lui aussi est tombé dans la fleur de sa jeunesse, seulement il a eu le temps de la voir se flétrir ; mais il avait appris de son maître aimé à élever ses yeux vers un avenir plus radieux que celui de nos rêves de vingt ans. C'est le nom de Jésus à la bouche qu'il est allé au-devant de la mort, trop riche d'espérances immortelles pour regretter la terre. Le premier de notre génération il nous a frayé la route. Jules l'a suivi quelques mois après. Puissions-nous mourir de la mort de ces justes !

Dans cet âge, dit ingrat, où les sentiments n'ont plus la fraîcheur de l'enfance et n'ont pas encore l'énergie de la jeunesse, état désagréablement intermédiaire que symbolise parfaitement ce son mixte de la voix qui n'a plus son timbre argentin et n'a pas encore son mâle et vibrant accent, les impressions religieuses sont les premières à s'émousser ; un certain ennui de l'Évangile n'est pas rare. Cette douce bonne foi, pour employer le mot du poëte, qui fait accueillir à l'enfant avec une confiance ravie tout ce qui est présenté à son esprit n'existe plus, et elle n'est pas encore remplacée par la foi personnelle. Jules traversa cette phase d'engourdissement spirituel ; mais, toujours placé sous une chrétienne influence, la bonne semence, dans sa nature tendre et sérieuse, n'était point perdue quoiqu'elle ne fructifiât pas encore ; il la gardait, et au premier rayon de soleil elle devait germer.

Pendant les années qui suivirent jusqu'à sa communion l'œuvre de Dieu s'opéra silencieusement en lui, jour à jour, par un travail intérieur de détail. Avec beaucoup de douceur il avait une certaine véhémence de désir et, n'étant pas léger, il ne savait pas facilement s'en distraire. Il pouvait poursuivre avec ténacité une bagatelle. Malgré sa bonté, il voyait fort bien le ridicule. Il aimait à juger gens et choses, et il avait facilement le tranchant d'une pensée jeune et inexpérimentée. Tout cela est bien véniel, dirions-nous, si le mot était chrétien. Nous avons beau chercher, nous ne pouvons trouver d'autres ombres à son caractère. Habile à surprendre en lui le mal dans sa forme la plus subtile, il connut plus d'une fois l'abattement spirituel. Il fut fidèle dans les petites choses, et Dieu l'établit sur beaucoup. Cette humilité si délicate le préparait sans danger à être couronné des plus beaux dons du Seigneur.

Retiré de pension à l'âge de treize ans, il suivit depuis la maison paternelle le collége royal de Bourbon. Les succès qu'il y obtint le laissèrent intact. Sans doute, il n'échappait pas à ce premier mouvement de vanité qui gagne ordinairement de vitesse la reconnaissance chrétienne ; mais on pouvait être sûr chez lui du second mouvement, qui rend toute gloire à qui de droit ! Jules rapporta de la vie de pension et de collége l'innocence d'une âme vierge qui a gardé dans toute sa délicatesse sa candeur des premières années. Il y avait dans son œil bleu une ineffable pureté, un charme de vérité, de douceur, d'enfance que rien ne peut rendre. En fait de passion terrestre, il n'a connu que celle des livres. La lecture chez lui était une sorte de fièvre : il dévorait. Aussi à seize ans sa culture littéraire était incroyable. Déjà alors on pouvait remarquer en lui l'amour du pauvre, qui plus tard fut l'un des entraînements de sa jeunesse. Dans une famille chérie, intimement lié avec ses parents, entouré d'amis d'enfance, aimant l'étude qui semblait l'aimer elle-même, tant elle se faisait facile pour lui, goûtant la paix de son Sauveur, on peut dire de sa vie qu'elle était parfaitement heureuse. Son humeur était enjouée ; le sérieux de son christianisme ne l'empêchait pas de goûter pleinement les jouissances permises.

Ainsi il se préparait doucement à la carrière qu'il aimait ; il ne détachait pas son regard de cet avenir. La pensée du ministère était pour lui une règle de conduite ; elle l'a fait plus d'une fois renoncer à des plaisirs vivement désirés qui lui semblaient dans sa position une mondanité coupable. « Pourquoi, disait-il un jour à sa mère, pourquoi entrerais-je dans une voie dont il me faudra sortir plus tard ? » Il fut une fois sollicité vivement par quelques amis de collége d'assister avec eux à la représentation d'une tragédie. Sa culture, ses goûts littéraires, tout le disposait à y trouver un plaisir exquis ; sa conscience ne le lui permit pas, et le sacrifice fut aussitôt consommé. Il eut le courage de sa conviction et expliqua sans détour à ses condisciples le motif de son refus. Il n'y avait pas moyen de railler une conviction si courageuse et si simple ; aussi tous lui tendirent la main avec une sorte de respect.

A quinze ans, Jules commença son instruction religieuse avec M. le pasteur G***. Le solide enseignement qu'il reçut formula nettement ses croyances. Dès l'abord, il comprit l'importance de la communion, et c'est av c un saint tremblement qu'il s'y prépara. Rien de plus touchant que son journal à cette époque. Sa candide confiance en Dieu fait continuellement penser au petit enfant de la parabole.

« Quand je me trouve au collége, écrivait-il, au milieu d'amis frivoles, mon homme naturel se délasse et empêche mes pensées de s'approcher de Dieu. Quand je me mets à travailler, mon travail m'absorbe et je ne pense pas à mon salut. Quand je suis avec mes parents, je ne cherche pas à donner à la conversation un tour sérieux. C'est ainsi que la journée s'écoule ; au lieu de remarquer avec douleur le nombre de mes chutes, je ne songe qu'à m'applaudir d'un petit succès remporté à grand'peine. O mon Dieu! je m'écrie à toi dans mon angoisse, viens à mon secours! Humilie-moi, donne-moi d'apporter à ta table un cœur humble, contrit et fervent. Oh! fais-le, tu es puissant pour le faire. »

L'amour de Jules pour son Sauveur avait toute la délicatesse d'un véritable amour. Sa tiédeur spirituelle était une vraie douleur pour lui. Il en gémissait comme d'une offense à ce Jésus qu'il aurait voulu aimer de toute son âme. D'un autre côté, il n'aspirait pas à une exaltation momentanée de ses sentiments religieux; il la craignait plutôt. Il est des piétés qui procèdent par crise. Telle n'était pas celle de Jules, et rien n'indique mieux la profondeur de ses impressions que de les voir si puissantes et si calmes, à ce moment solennel. Jamais son œil ne fut plus ouvert sur lui-même; jamais il ne songea davantage aux périls qu'il allait retrouver. Et cela est si vrai, que ce fut dans la semaine qui précéda sa communion qu'il sollicita et obtint de ses parents la permission de les quitter pour entrer dans un collége éloigné, où quelques amis l'avaient déjà précédé. Il pensait par cette retraite échapper à la réaction mondaine qui se fait en général sentir au sortir des bénédictions spirituelles. Le sacrifice était dur à notre ami bien-aimé. La vie de famille répondait plus que pour tout autre aux besoins de son cœur.

« O mon Dieu, écrivait-il le matin de sa communion, daigne m'humilier de plus en plus: je ne sais pas assez prendre le sac et la cendre. » Le sac et la cendre, voilà donc ce qu'il met pour se rendre à la table sainte. La mortification intérieure y est préférable au bonheur triomphant. Le repas du pardon n'est pas le festin des noces. Les vêtements de magnificence sont pour un autre temps. Pour beaucoup, la première communion revêt je ne sais quelle teinte de poésie terrestre qui la fait agréablement figurer dans leurs souvenirs de jeunesse. Pour Jules, ce fut le plus solennel des engagements. « Si l'on veut arborer l'étendard de Christ, disait-il, c'est pour ne jamais déserter. » Or ce qui est solennel, est grave et simple.

Voici comment il raconte ses impressions de ce jour : « Avec mon caractère, j'aurais pu avoir une exaltation fébrile. Dieu a prévu ce danger et sa bonté m'en a préservé. Il a voulu que mes impressions n'eussent rien d'étranger, rien d'humain. J'ai eu un moment d'angoisse en me sentant froid ; mais Dieu ne m'a pas oublié, et quand je me suis approché de la table sainte, il a daigné me donner une impression vive et douce. Il m'a semblé que je m'élevais un instant au-dessus de ce monde et que mon âme, dégagée de la terre, nageait dans l'allégresse divine. Je me sentais dans une douce communion avec mon Dieu. Je le priais avec bonheur et j'aurais voulu pouvoir arrêter au vol cette impression si délicieuse. » Il essaya d'exprimer cette impression délicieuse dans un cantique composé le jour même.

CANTIQUE D'ACTION DE GRACE.

O mon âme ! de cette terre
 Quittant la poussière,
Dans ton essor audacieux
 Prends ton vol vers les cieux.

De tes tristes liens délivrée,
 De bonheur enivrée,
Chante de ton divin Sauveur
 La sublime grandeur.

O mon Dieu ! que ma faible lyre
Auprès de toi s'inspire !
Et que les célestes accords
Excitent mes transports.

Je veux me réunir aux anges
Pour chanter tes louanges ;
A leurs concerts mêlant ma voix,
T'exalter, Roi des rois !

Je veux de ta douce clémence
Célébrer la puissance ;
Des élus peignant le bonheur
Te bénir, mon Sauveur.

O mon Dieu ! je sens ma misère ;
Dans mon humble prière
Gémissant de mon abandon,
J'implore ton pardon.

O joie ! ô douceur ineffable !
A la céleste table,
Dieu de bonté, dans ce beau jour
Je goûte ton amour.

Heureux d'une douce espérance,
Je bénis ta clémence.
Mon âme, bénis l'Éternel
Dans ce jour solennel.

Coupable, hélas ! fuyant ta face,
Je rejetais la grâce.
Ton amour réchauffant mon cœur
A chassé ma froideur.

Il a dissipé ma folie,
Il m'a rendu la vie ;
Mon âme, bénis ton Sauveur,
Exalte sa grandeur !

Dieu te pardonne ta misère,
Il se nomme ton père.
Des haillons de l'humanité
Couvrant sa saintete.

Ton Sauveur pour sauver ton âme,
Sur une croix infâme
Expiant ta funeste erreur,
A connu la douleur.

A son supplice, à sa souffrance
Tu dois la délivrance ;
Que ton âme, indigne pécheur,
Bénisse ton Sauveur.

Fait à Paris, le 27 mars, jour de ma première communion.

Il s'était rendu à la communion tout tremblant de ses péchés ; c'est pourquoi il revint justifié dans sa maison. Et dans cette paix si douce comme il songe aux tentations du lendemain !

« Je me suis approché de cette table sainte, j'ai bu ce breuvage divin, j'ai mangé ce pain de vie que tu offres à tes fidèles ; mais je t'en supplie, mon Dieu, que ce soit pour mon bien et non pour ma condamnation. Donne-moi de toujours regarder au but qui est la vie éternelle avec toi. Pour ne pas perdre le souvenir de ces impressions si solennelles, il me faut d'abord être toujours sous le poids de mes péchés. Oh ! il faut que j'apprenne à sacrifier ma chair. Mon Dieu, ajoutait-il, permets-moi de travailler dans ton champ, afin qu'à mon lit de mort, tranquille et m'appuyant sur toi, je puisse dire : J'ai combattu le bon combat, j'ai gardé la foi, j'ai achevé ma course. »

Frère bien-aimé, ton vœu a été rempli ! Tu as combattu le bon combat, et si ta course a été achevée avant les grandes fatigues, tu n'as pas moins servi le Maître ! Tu es encore dans son champ ; seulement ce n'est pas celui des semailles douloureuses. Ton travail n'est plus que le triomphe de la moisson.

Aussitôt après sa communion il partit pour le collége où il avait désiré entrer. Mais à peine arrivé, loin de sa famille bien-aimée, il y trouva un réel exil. Il demanda avec instances à ses parents de revenir sous le toit paternel. Il fut tenu quelques mois en suspens, et ce fut pour lui un temps pénible à traverser. « Soumets-moi à ta volonté, ô mon Dieu, disait-il, apprends-moi à dompter la mienne, à courber la tête. Donne-moi la force de porter sans murmure la croix que tu trouveras bon de m'imposer. » Sa demande lui fut accordée. « Bonheur ! bonheur ! s'écrie-t-il, me retrouver enfin au sein de ma famille, revoir ces figures chéries, reprendre cette vie si douce et si calme, pour retourner dans mon cher Paris. » Il ne pouvait assez exprimer sa reconnaissance envers Dieu. Nous voyons reparaître ici comme partout son idée fixe. « Que je revienne plus humble, un peu changé du moins. Fais-le, mon Dieu ! »

Il revint et reprit cette vie douce qu'il avait tant souhaitée. Il avait alors seize ans et demi. C'est le moment où les horizons de la vie se découvrent à la fois. L'enfance comme le matin les couvre d'une vapeur légère. On ne savait pas dépasser ce qui tombait immédiatement sous les yeux. Tout d'un coup, je ne sais quel souffle mystérieux soulève le voile. L'avenir apparaît riche de promesses brillantes, et la vie se révèle en même temps dans sa beauté et dans sa laideur. On est initié en même temps à sa poésie et à ses tristes mystères. Dans les natures ardentes, l'espérance, le

2

ravissement, l'indignation et l'effroi se mêlent et se croisent comme des flots agités. Dans les âmes tendres, mais vivement sensibles, comme celle de Jules, les impressions se fondent dans une sorte de tristesse douce. Ce qui est impatience d'avenir, rêve fiévreux chez les uns, n'est plus que mélancolie chez les autres. Au lieu de poursuivre avec passion cet idéal qui vient de briller à leurs regards, ils soupirent de ne pouvoir l'atteindre. Comme il n'est pas moins beau et divin pour eux, il n'y a rien là qui ressemble à un désillusionnement précoce. Au lieu d'éprouver ce mélange de terreur et de désir, cet attrait qui tient du vertige pour le mal dont on a horreur, ils soupirent encore au contact imprévu de hontes non soupçonnées. Pas de lutte difficile, orageuse pour eux, mais la douleur d'un cœur pur aux involontaires souillures de la connaissance du péché. Chez Jules, cette mélancolie était souvent une vraie souffrance morale. « Comment décrire, écrit-il lui-même, cette mélancolie qui paralyse mes facultés ? J'ai parfois des accès de ridicule misanthropisme. J'éprouve le dégoût de la vie ; je voudrais être délivré de ce fardeau si pesant. » Mais il ne s'y laisse pas aller paresseusement, il se surveille encore : « Je mets un certain orgueil à m'entourer de ces nuages. Je n'ai pas cette énergie qui, si elle porte aux grands excès, porte aussi aux grands efforts. »

Toutefois il trouve dans sa mélancolie le doux charme du clair-obscur de la rêverie du cœur. D'ailleurs le christianisme la revêt bientôt de son vrai caractère, elle devient un mal de pays du ciel, un pieux désir de la patrie. « Cette mélancolique rêverie, lisons-nous dans son journal, ouvre souvent mon âme aux impressions religieuses les plus suaves. J'éprouve alors un besoin pressant de m'approcher de Dieu et de m'élever au ciel sur l'aile de la prière. Souvent cette vague tristesse m'a fait du bien en me détachant de la terre. Que de fois, en quittant un plaisir, j'ai éprouvé une tristesse indéfinissable, un besoin impérieux de garder le silence ! Souvent je voudrais épancher cette tristesse dans le sein d'une âme qui saurait la comprendre ; mais un mot suffit pour me fermer la bouche. »

La nature de Jules était éminemment sociable. « Il me faut à tout prix de la sympathie. » Sa vie intérieure était riche, mais il n'avait rien de renfermé. On regarde trop souvent une sorte de réserve comme la mesure de la profondeur des sentiments. Nous pensons qu'en général des sentiments qui peuvent se replier sur eux-mêmes n'ont qu'une demi-profondeur. Quand ils ont toute leur énergie, quand le flot pousse le flot, l'épanchement est un besoin impérieux. « La sympathie, écrit Jules, d'âmes en accord avec la mienne, la douce intimité d'une femme à la fois pieuse et élevée dans ses goûts, poétique dans son imagination, réveille en moi une foule d'idées endormies pendant les mauvais jours. Mes paroles coulent plus facilement, et par conséquent ma conversation quitte le caractère banal du bavardage pour revêtir celui d'un épanchement doux et sérieux. Je puis alors beaucoup. Je me sens jeune, je vois de nombreuses et brillantes routes ouvertes devant moi ; des sentiers encore inconnus à fouiller ; la vie coule dans tous mes pores. L'activité, l'entrain de la jeunesse me donnent de la verve. Je sens alors en moi un peu d'activité et de poésie. Garde-moi, mon Dieu, du péril mêlé à cette joie pure et douce. Délivre-moi de cet orgueil dont le souffle impur peut ternir les impressions les plus saintes, et donne-moi de m'abandonner avec réserve à ce charme si puissant pour moi, mais bien dangereux ! »

Comme ces derniers mots sont bien de lui ! comme ils portent le cachet de son âme ! Quoi de plus touchant que cette crainte minutieuse d'offenser son Dieu ! La jeunesse n'y perd rien de son charme. Elle ne se livre pas, il est vrai, à la fougue de ses entraînements naturels, mais c'est pour vivre d'autant plus intérieurement. La pensée du devoir ne lui donne aucune raideur, elle ne modère que son expansion mauvaise. Elle active l'ardeur de ses sentiments en les concentrant; c'est la digue qui en rompant les flots les fait d'autant plus bouillonner dans la limite où ils doivent rester. D'ailleurs ce but élevé de l'amour de Dieu l'empêche de se dépenser en frivolité mesquine; elle la conserve forte et saine pour l'enthousiasme, pour les convictions chaleureuses.

Ces réflexions nous sont naturellement suggérées par le souvenir de Jules. Il est pour nous le type du jeune homme chrétien. Abandon, confiance, joyeux entrain de vivre, rêverie, il a tous les traits de la jeunesse, embellis et adoucis par une poésie plus haute qu'elle ne donne pas. Il connut l'enchantement du long espoir et des vastes pensées ; mais cet espoir se prolonge dans les lointains de la foi, et ces pensées se font assez vastes pour embrasser ce qui n'est pas monté au cœur de l'homme. Ces croyances fermes et positives, ce sérieux moral comme une ombre propice conservent aux sentiments leur fraîcheur. Le dévouement les purifie en leur donnant un objet positif et élevé, les préserve d'un vague qui les affaiblirait. En effet, nous voyons Jules de très bonne heure chercher dans une charité active un contre-poids à la vie d'études. L'amour du pauvre fut son premier amour. Il suivait avec une sollicitude souvent inquiète la famille dont il s'occupait. Rien ne lassait sa persévérance. Il savait même faire des démarches difficiles. Son désir de réussir lui donnait une sorte d'audace. C'est ainsi que, se prévalant d'une connaissance de collége, il se rendit auprès du chef d'une des administrations les plus sévères dans leurs admissions, et contre tous les usages, par l'ardeur de ses sollicitations, il obtint pour un protégé la faveur demandée. Sa charité n'était pas cette douleur naturelle à la vue du malheur dont on se débarrasse en donnant. Elle était assez généreuse pour être prudente et calculer le bien des pauvres, c'est-à-dire pour leur sacrifier son temps. Il fallait le voir auprès d'eux ! sa figure revêtait une expression céleste d'amour et de compassion. Il a été tendrement aimé des pauvres ! Nous ne saurions pas trouver de plus bel éloge pour lui. Ils l'ont amèrement pleuré. L'un d'eux, quand il apprit sa mort, s'assit en fondant en larmes sur les marches de l'escalier de la maison où il se trouvait comme accablé de ce coup. Jamais l'étude ne l'a distrait de ceux qui souffraient. Ils avaient pour lui un attrait auquel il ne pouvait résister. O Jésus, sois béni de nous avoir permis d'admirer en lui ce trait, si touchant de ta nature divine.

De seize à dix-sept ans et demi il acheva ses études classiques à Paris et à Orléans ; avec son incroyable facilité tout lui réussissait. Il possédait déjà de nombreuses et solides connaissances. Peut-être alors l'acquis dépassait un peu l'acquéreur. Ce n'est que plus tard que la libre assimilation de sa pensée reconquit tout ce qu'il ne possédait qu'à moitié. Sa mémoire prodigieuse le dispensait d'efforts personnels fréquents pour penser ou pour s'exprimer. Son examen de baccalauréat fut l'un des plus brillants de l'Académie où il le passa. Ce fut le plus grand succès qu'il obtint : voici dans quel esprit. Le jour-même il souligna ce verset dans sa Bible comme sa devise. « Il m'a dit : Ma grâce te suffit, car ma force s'accomplit dans ta faiblesse. Je me glorifierai donc plus volontiers dans ma faiblesse, afin que la force de Christ habite en moi. » (2 Cor., XII, 9.)

C'est ainsi préparé qu'il se rendit à l'Université pour aborder les études théologiques. Elle devait lui laisser toute la simplicité de ses croyances. Rien ne garde la foi comme l'humilité. Avec elle, la liberté d'esprit nécessaire à la sincérité de l'étude ne se transforme pas en orgueilleuse indépendance ; le doute n'est pas une révolte de l'intelligence, c'est un scrupule de l'amour de la vérité, de cet amour trop profond pour ne pas chercher à toujours mieux comprendre son divin objet. Le doute contenu dans ses justes limites ne porte que sur la formule, jamais sur le fond, la substance de la foi.

Du reste, il est des esprits essentiellement affirmatifs. Tel était l'esprit de Jules. Et ce n'était point faiblesse chez lui, car il était complétement pur d'étroitesse, d'esclavage à la tradition. C'était un don de Dieu, don qu'il n'accorde pas à tous. La paix de la pensée est un rare privilége pour qui pense. Dans les vues providentielles il en est qui doivent particulièrement gémir de ne voir que confusément comme dans un miroir.

Il faut reconnaître aussi que souvent des chrétiens sincères font prédominer trop exclusivement la vie spéculative sur la vie pratique. Les deux sont faites pour se correspondre. La spéculation doit être pratique et la pratique pleine de pensées. Le verbe doit toujours devenir chair, et le côté extérieur de la vie se pénétrer de la divine sagesse. L'objet de la science chrétienne n'est pas une idée, c'est une personne. *O veritas, Deus*, dit l'Imitation. L'amour sera toujours le grand organe de la connaissance chrétienne. Or, l'amour ne se réalise pleinement que dans l'activité. Si Jules a joui d'une foi toujours sereine, c'est qu'il a cherché et vu son Sauveur chez les pauvres qu'il visitait. Le maître n'a-t-il pas dit : Ce que vous leur faites, vous me le faites à moi-même ? La grande bénédiction de la charité chrétienne est de nous faire rencontrer Jésus près des affligés. Une tradition pouvait s'ébranler chez Jules sans que sa foi fût atteinte, et elle ne s'ébranlait jamais que par une sérieuse conviction. Je n'ai jamais vu personne aussi pur de cette sorte de fanfaronnade philosophique si naturelle à l'esprit jeune qui aime à rompre autant de lisières qu'il peut.

Les deux années qu'il passa à Lausanne furent deux des plus belles qu'il soit permis de passer sur la terre. Quel charme dans ces années de libre étude ! Quelle saveur dans ces premières joies de l'intelligence ! Elle aussi a ses folles espérances ; elle rêve la science comme le cœur rêve le bonheur. Tout la ravit; elle voudrait tout embrasser, et là comme partout elle s'élance dans ses désirs vers cet impossible qu'il est si dur plus tard de reconnaître. Quand la pensée est de suite portée dans les régions les plus hautes, quand surtout elle est dirigée par un esprit supérieur, qu'elle se sent poussée par lui puissamment dans le sens de ses convictions ou de ses instincts de conviction, qu'elle goûte le bonheur d'une admiration profonde, jointe à la plus vive sympathie, on comprend quel temps de fête est le temps d'étude. La théologie telle qu'on la lui enseigna n'était pas une sèche scholastique. Rien de plus vivant, de plus humain. Chaque question remuée était pour lui un événement de la vie morale. Entouré d'amis bien chers, vivant en communauté complète avec le frère de son enfance et de sa jeunesse, combien de fois, dans le caprice de ses épanchements, Jules agitait avec eux les grands problèmes qui paraissent toujours nés d'hier ! Dans cette première fermentation des convictions, quel privilége que ces confidences de la pensée qui peut se donner toute vive et arriver de plein saut à une pensée amie! On parcourt d'avance ensemble les voies nouvelles qu'on entrevoit, et l'étude vous réunit dans l'avenir comme l'amitié dans le passé. Quel lien déjà que de recevoir la même impulsion intellectuelle! On retrouve dans ces entretiens l'écho de la parole puissante qu'on a entendue et qu'on ne pourra jamais oublier.

Dans cet admirable pays, admirable alors sous tous les rapports, Jules connut pleinement le bonheur que Dieu a mis dans ce moment unique de l'existence. En face de cette nature sublime la vie du cœur est plus riche et plus grande. Il en est d'elle comme de la lumière qui, reçue par ces cimes et ces eaux bleues, ne perd pas un de ses rayons et s'embellit d'un plus pur éclat.

Jules goûtait vivement les jouissances de la nature, on peut dire qu'il l'aimait vraiment. Il y a tant de gens qui l'aiment dans leurs descriptions, sur leurs toiles, c'est-à-dire qui se cherchent encore dans leur admiration ! Je ne me rappelle pas avoir entendu de sa bouche une phrase à effet sur la nature. Il y avait une parfaite simplicité dans l'expression des impressions qu'il en recevait; elles étaient plutôt douces qu'enthousiastes. Il y portait la sérénité et l'intimité de sa piété, et peut-être cette teinte de mysticisme qui le caractérisa de plus en plus. Ce qu'il faut surtout remarquer dans son amour de la nature, c'est qu'il était essentiellement *chrétien*. Ce n'était pas un simple ravissement, mais une adoration réelle de celui dont la mort a effacé le sceau de la malédiction dans le monde extérieur comme dans notre âme. Aussi la prière s'échappait-elle comme d'elle-même de ses lèvres pour se mêler à ces soupirs de la création qui sont, n'en doutons pas, des soupirs de prière. Nous l'avons vu enfant comprendre qu'il y avait dans le murmure de la campagne des voix qui bénissaient confusément le Seigneur et l'invitaient à le bénir lui-même. Quelques jours avant sa mort, dans une promenade avec sa sœur dans la forêt de Saint-Germain, son âme, comme oppressée du bonheur de sentir Dieu dans ses œuvres, s'épancha dans une prière à haute voix, prière admirable, mot du grand hymne murmuré autour de lui.

Pendant les dix-huit mois qu'il passa à Lausanne, ses études avancèrent rapidement. La préparation était achevée à moitié quand survint la déplorable révolution qui a tout bouleversé dans le canton de Vaud, tout jusqu'à ce fondement moral, garantie de toute société, qui semblerait du moins devoir subsister dans les changements des choses et des gens. On conçoit que la vie d'étude devait en être profondément modifiée. D'abord l'atmosphère irritante d'une révolution remplaçait le calme et la paix nécessaires au travail de la pensée. Puis l'institution universitaire elle-même n'existait plus que sous le coup d'une menace trop tôt justifiée. De l'ancienne académie de Lausanne il ne reste plus

qu'un triste souvenir au cœur de ceux qui lui doivent une reconnaissance ineffaçable. Jules, assez jeune pour qu'une interruption dans ses études n'eût aucun inconvénient, fut rappelé par
ses parents dans la maison paternelle pour quelques mois. Ce fut
pour lui un vrai chagrin de quitter Lausanne. Il s'y était attaché comme s'y attachaient tous ceux qui l'ont connu autrefois
(tout y est tellement changé qu'involontairement on parle d'un
temps très rapproché comme d'un passé lointain). Il s'y trouvait d'ailleurs au sein d'une famille qu'il regardait comme la
sienne, tant il y avait rencontré de douce affection et de sympathie. Son regret le plus vif était de ne plus entendre le maître
bien-aimé qu'aujourd'hui nous pleurons tous. Hélas! depuis le jour
où nous écrivions les quelques pages qui peignent cette belle vie
d'étude et la place qu'il y occupait, Dieu l'a rappelé à lui. Nous
sommes encore dans ce premier étonnement qui se prolonge
longtemps dans l'âme comme l'écho d'un coup retentissant de la
main divine. Il semble que le Seigneur ait voulu nous révéler
d'une manière toute particulière, dans ce pays aimé, le fond de
douleur qui est en réserve dans chaque vie humaine. On peut
dire qu'il a pleinement surnagé. Que reste-t-il de cet ensemble
admirable qui faisait l'existence si douce au bord du beau lac?
sans doute le fruit exquis de l'épreuve et une espérance d'avenir
qui est une prophétie certaine. Le prix du rachat d'une église
n'est jamais trop haut. Mais qui ne jetterait un regard plein de
larmes sur le passé, quand il faut se dire qu'un homme comme
M. Vinet lui appartient? Oh! il est dur de se persuader qu'on
n'entendra plus vibrer dans sa voix toutes les cordes de son âme
toujours émue, qu'on ne verra plus passer sur son front l'éclair de
cette pensée qui allumait la vôtre, et qu'on ne recevra plus ces
paroles éloquentes qui apportaient l'austère et fortifiante nourriture de la conscience et du cœur! Il faut s'être assis pendant
plusieurs années au pied de sa chaire pour savoir ce que peut

être la délicieuse relation de disciple à maître, cette sorte de piété filiale tout intellectuelle pour celui dont la pensée a comme donné l'existence à la vôtre. Et quand le grand penseur, dans sa bonté condescendante, a vraiment pour vous la patience, la douceur et la sollicitude paternelle, quand il fait briller à vos yeux l'un des types les plus purs de la charité et de l'humilité chrétiennes, il n'y a pas de lien plus sacré que celui qui unit à lui. Grâce à Dieu, ce lien, rien ne le brise ; c'est avec délice que dans la moindre de ses idées on retrouve la trace des siennes. Nous vivrons de son esprit, et c'est là la consolation digne de lui de chercher à ce que cet esprit humble et large, qui est selon Dieu, souffle toujours davantage autour de nous. Au lieu de verser des larmes stériles, recueillons le manteau d'Élie. Que le souvenir de cette vie si mortifiée, malgré ses dons brillants, vivifie en nous la vie chrétienne par excellence, l'humilité qui nourrit l'amour.

Le disciple et le maître se réunissent tout naturellement dans notre pensée. Le maître avait compris le disciple : la mort de Jules fut un deuil véritable pour son cœur. On peut ajouter que le disciple avait compris le maître. Voici ce qu'il écrivait à ses parents après une prédication de M. Vinet à Genève : « Rarement il m'a paru plus beau, d'une beauté tout intérieure, toute morale, plus sérieux, plus pressant. Sa voix avait quelque chose de solennel et de vibrant à la fois ; il brillait par son humilité. Dans une conversation particulière, il s'est montré bien affectueux et bien cordial. J'ai retrouvé quelques-unes de ces intonations sonores, souvenir de ses leçons, où, saisissant un sujet, il s'abandonnait à sa verve. Je suis heureux, bien heureux ; jamais je n'ai mieux senti combien je l'aimais, combien son influence m'était chère, et je me serais fait son disciple si je ne l'avais pas été. Maintenant je vais garder ce doux souvenir comme un rafraîchissement. J'espère laisser de côté tout regret égoïste pour apprécier la grâce que Dieu m'a faite et reprendre mon chemin joyeusement, l'œil levé plus habituellement vers mon Dieu. »

Il y a bien de l'amertume dans ce double souvenir ; mais elle est salutaire. Quand la vie se fait ainsi triste et se dépouille sous la main du Seigneur, elle se fait grande à proportion. Dans de pareilles douleurs elle revêt une beauté sérieuse qu'elle n'eût pas connue. Il est bon de souffrir par le cœur. Gardons-nous de fermer ces blessures sacrées ; elles ont quelque chose de la blessure de Jacob après sa lutte triomphante avec le Seigneur.

C'était donc une véritable épreuve pour Jules de quitter Lausanne. A part ses côtés plus sérieux, elle se compliquait d'une grande répugnance à sortir des habitudes d'une vie connue. La nouveauté n'avait pas de charmes pour Jules. Il aimait le fil non interrompu des mêmes relations dans le même cadre. Il portait son esprit de famille dans toutes ses affections, et il lui semblait quitter de nouveau le toit paternel en quittant une maison où il avait longtemps demeuré. Il est vrai que c'était à s'y tromper. « J'ai éprouvé à Lausanne, écrivait-il plus tard, toutes les fois que j'y ai été, la même sensation que j'aurais eue en passant quelques jours de congé avec vous. »

Pendant le peu de mois que Jules passa dans la maison paternelle avant son séjour à Genève, il partagea ses loisirs entre l'étude, la vie de famille et les soins d'une active charité. Il dut beaucoup s'occuper de son plus jeune frère. Celui-ci n'oubliera jamais quelle tendre sollicitude Jules lui a montrée, surtout combien il priait pour lui ; il trouvera dans ce souvenir quelque chose d'angélique qui le gardera aux heures de danger.

Jules forma alors le dessein d'un travail assez important pour un concours. Nous citons ce fait parce qu'il est caractéristique. Avec toute son humilité il n'avait pas cette timidité qui restreint l'activité ou cette modestie qui voile la peur d'un échec. Il obéissait à l'élan de ses facultés ; il savait risquer quelque chose pour leur donner leur légitime emploi, et ce courage, au fond, est de la simplicité de cœur.

En automne 1845, Jules ne fit que passer à Lausanne. La crise ecclésiastique, l'avenir politique toujours plus sombre, y rendaient plus que jamais les études difficiles. Il dut se décider une seconde fois, et d'une manière définitive, à quitter la ville qu'il aimait, et dans laquelle il laissait de nombreux amis. On ne saurait exprimer quelle tendresse, quelle sympathie, quelle confiance, quel désintéressement, quelle douceur il montrait dans les relations intimes ! Aussi ne l'essaierons-nous pas.

Ce fut à l'oratoire de Genève qu'il alla achever ses études. Ses professeurs firent fléchir pour lui avec beaucoup de bonté la règle de la faculté et admirent sans difficulté ses études antérieures. Quoique entouré des témoignages d'amitié les plus bienveillants, les commencements de son séjour à Genève lui furent difficiles. Il ne trouvait plus les appuis ordinaires de son cœur. Cette solitude lui fut pourtant très salutaire. Le jet de son développement, sans être moins rapide, fut plus personnel. Il imprima le sceau de son individualité à tout ce qu'il possédait déjà. Il se trouva lui-même, découverte la plus difficile de toutes. Il en est qui meurent sans s'être connus, et qui ont été autres qu'eux-mêmes toute leur vie. Les gens et les choses se les sont assimilés, tandis qu'ils devaient se les approprier. Chez Jules, ce besoin de l'individualité se prononça très fortement alors, comme une lettre de cette époque en donne la preuve.

« Ma position est des plus défavorables ; c'est un grand inconvénient de faire à vingt ans ce que l'on fait à vingt-cinq, et ma tête paie mes précoces ébats. Je ne digère pas, j'avale. Quand la digestion commencera-t-elle ? quand sera-t-elle achevée ? je ne sais. C'est alors seulement que ma force propre, mon individualité brisera sa chrysalide. Je suis comme le boa endormi, et encore incapable d'user des forces qu'il a dû prendre en se nourrissant. Je suis les autres et non pas moi. N'allez pas croire que j'accepte d'avance le sort de M. X..., la bibliothèque. Non, certes; je compte faire tout mon possible pour hâter le moment de mon indépendance. Mais patience, Rome n'a pas été bâtie en un jour. »

Certes il ne pouvait se donner un plus fort démenti. Sa plainte était très rassurante.

Jules retrouva en partie à Genève les joies d'études qu'il avait goûtées à Lausanne. Il se lia en particulier avec un de ses professeurs dont l'influence fortifia encore en lui ses convictions sérieusement et largement chrétiennes à la fois. Cette époque fut pour lui un temps de floraison intellectuelle. Tous les épis qui mûrissaient dans l'ombre montent tout à coup et se balancent à un beau soleil. Il y a un épanouissement joyeux de toutes ses pensées. On sent circuler en lui une séve généreuse qui lui donne une ardeur intellectuelle que rien ne peut satisfaire. Loin de se renfermer dans le cadre de ses études spéciales, il aborde toutes les sphères, littérature; histoire, philosophie, questions du jour, tout le préoccupe. Nous n'hésitons pas à dire que cette culture large et variée était pour lui la meilleure préparation à son ministère. Elle gardait son esprit de cette prêtrise protestante qui lui donne une couleur religieuse foncée et monotone. Combien de pensées portent ainsi soutane! Il nous faut des esprits laïques qui fassent sentir qu'on est à l'aise dans les idées chrétiennes et que rien ne leur échappe.

On comprend qu'une nature comme la sienne devait aimer la poésie. Plus que toute autre elle aura besoin, dans ce triste séjour, de ces consolations de la lyre qui ne sont pas un leurre d'imagination, mais une promesse de celui qui éveille les chants au cœur du poëte. Pour exprimer ce qu'il y a en elle de tendre, d'élevé, il n'y a que le mot ailé qui emporte en quelque sorte ses soupirs jusqu'au ciel. Jules croyait à une poésie chrétienne;

c'était une de ses idées favorites. A propos de la *Messiade*, il écrivait : « Ma foi à la poésie chrétienne a grandi sous les impressions de la *Messiade* ; j'ai senti qu'il y avait moyen de sanctifier l'art et d'arriver au cœur, d'éveiller en lui des émotions sérieuses et salutaires en pressant les cordes de cette lyre biblique. Une poésie plus vivante, moins artificielle, me semblerait destinée au même succès. »

Il aimait la poésie comme il aimait la nature, simplement et profondément. Jamais il n'en fit parade, et pourtant des vers charmants ont échappé à sa plume. Je ne parle pas de ces vers de collége que tout le monde a sur la conscience ; je parle de ces poésies qui tombent de l'âme comme une fleur qui tombe de l'arbre au vent du soir, qui sont le jet gracieux d'une impression. Donnons-en quelques exemples :

LA PAIX.

O douce paix de l'âme
Toi qu'en vain je réclame,
Pour moi descends des cieux ;
De mon front soucieux,
Dissipant le nuage.
Parle-moi du pardon le céleste langage !

Qu'ils étaient beaux ces jours,
Ces jours, hélas ! si courts,
Où joyeux sur ton aile,
Vers mon Père fidèle
Montaient mes doux accents ;
Rends-moi pour le prier le cœur de ses enfants.

Sa voix calmait mes craintes,
Et je versais mes plaintes
Dans son sein paternel ;
Lui, le saint, l'Éternel,
Consolait mes tristesses.
Oh ! rends-moi de mon Dieu les vivantes promesses !

DANS UN JOUR DE PLUIE.

Accourez, joyeuses pensées,
Fleurs longtemps amassées,
Trésor de mes beaux jours ;
Les heures lentement se traînent :
Chez moi vents et soucis m'enchaînent.
Accourez ! accourez ! ou jamais ou toujours.

Accourez, beaux rêveurs,
Vous dont la mélodie
Chasse de tous les cœurs
La noire mélancolie.
Venez à mon âme ravie
Murmurer tour à tour vos hymnes enchanteurs !

En vain je vous appelle ;
Pour mes soucis rongeurs
Il faut force nouvelle.
Vous qui faites battre les cœurs,
Vous de l'amitié fidèle,
Accourez ! accourez ! souvenirs enchanteurs !

Lisons, lisons les pages
Des amis de mon cœur.
Dans ces feuilles volages
Lisons, relisons mon bouheur.
Qu'importent les vents et les orages
Quand on vogue gaîment dans ce monde enchanteur !

LE BAISER DE MA MÈRE.

.   .   .   .

Sur mon front agité
Le baiser de ma mère
Chasse une ride éphémère,
Ramène bonheur et gaîté ;
Et de tristesse amère,
Si mon cœur ballotté,
Appelle en vain paix et sérénité,
Noirs soucis, tout s'envole au baiser de ma mère.

LA SOLITUDE.

Du barde pèlerin, ô muse enchanteresse !
Pour toi plus de sommeil, de silence et d'effroi !
Ranime dans mon cœur ta poétique ivresse,
O muse ! réveille-toi !

Tout sourit à tes chants, à ta douce harmonie ;
Au sein des bois déserts mon cœur libre d'ennui
Répète lentement sa molle rêverie,
Hymne à peine épanoui.

Le ciel a déchiré son voile funéraire ;
La brise jette au loin le parfum du bonheur :
Bercé d'un doux espoir, je porte plus légère
    Ma faible part de douleur.

Fantômes gracieux, poétiques images
Viennent, peuplant pour moi ces gracieux ombrages,
De leurs hymnes d'amour, de leurs joyeux concerts,
    Charmer ces riants déserts.

D'un prisme de bonheur la magique puissance
A mes yeux enchantés embellit l'avenir ;
Le radieux azur d'un horizon immense
    Devant moi semble s'ouvrir.

O retraite paisible, asile solitaire,
Que j'aime de tes bois l'écho silencieux.
Mon âme sans effort, loin du bruit de la terre,
    Rêve le bonheur des cieux.

Sur ton aile rapide, ô sainte messagère,
Ange de paix, d'amour, bienfaisante prière,
Tu portes à mon Dieu le chant de mon bonheur,
    L'hymne échappé de mon cœur.

La piété de Jules dans ses occupations nombreuses suivit la même progression que ses facultés intellectuelles.

« J'ai hâte, écrivait-il, d'en avoir fini avec les travaux d'exégèse ; je suis tellement dans ces préoccupations que ne puis lire ma Bible pour mon édification sans y mêler des pensées grammaticales. Ah ! heureux ceux qui gardent les choses saintes dans le sanctuaire de la foi, de la vie avec Dieu, sans les manier sans cesse dans un but autre que celui de leur édification immédiate. Nous sommes si vite des machines à habitude que le sel le plus pur perd rapidement sa saveur. J'entrevois bien confusément comme le but, l'idéal, l'union de la vie intellectuelle et religieuse, se complétant, s'inspirant mutuellement ; je sens bien qu'en dehors de cette union la théologie ne sera qu'une chose vide. Ce que je vous dis là, je l'éprouve également pour nos rapports avec le public. Il me semble presque impossible de parler en l'abstrayant de ma pensée et de rester rigidement en harmonie avec sa pensée. Pas un mot de plus et de mieux ! que c'est triste ! Je suis effrayé de cette espèce de dédoublement ! »

La piété de Jules, en devenant toujours plus personnelle, prit naturellement la teinte de son âme. Son caractère dominant était la tendresse ; de là une sorte de mysticisme sage. Il s'attachait essentiellement à la personne de Christ ; il aimait de préférence les écrivains religieux qui donnent plutôt la moelle évangélique que la charpente osseuse qui la renferme, sans dédaigner celle-ci. Après l'Évangile, l'Imitation de Jésus-Christ a été le livre de sa vie. La littérature religieuse de l'Allemagne était plus dans ses sympathies que celle de l'Angleterre. Il retrouvait plus dans la première la couleur de saint Jean, qui rappelle sans cesse que l'apôtre a été penché sur le sein de son maître bien-aimé. Du reste rien de dangereux dans le mysticisme de Jules ; il reposait sur la base solide de la foi historique ; ce n'était qu'une intuition plus intime du fait de la rédemption, tandis qu'ailleurs c'est son idée qu'on cherche surtout à saisir. Citons quelques mots de lui sur Théremin qui expliquent notre pensée :

« L'auteur me plaît toujours plus à mesure que je le connais mieux ; c'est une âme si pure, si tendre, si élevée à la fois, ayant un christianisme pratique et vivant joint à une tendance mystique très captivante. Il représente en particulier l'amour pour

Dieu, pour Jésus-Christ sous des couleurs plus vives, plus intimes qu'on ne le voit habituellement, et cela sans tomber dans des rêveries d'illuminés. Son respect pour la Bible en tant que révélation positive le garantit des piéges de l'illuminisme et donne à sa foi quelque chose de solide, de positif, sans détruire son caractère plus subjectif, plus filial que celui des chrétiens positifs. »

Le dernier travail de Jules est une étude ébauchée sur Richard de Saint-Victor, le fameux chef de l'école mystique du moyen âge. Le vœu de notre cœur serait de le reprendre un jour et de goûter encore une fois cette douce fraternité d'études à laquelle nous étions habitués.

Jules forma à Genève quelques-unes de ces précieuses relations dans lesquelles il se fait en quelque sorte un doux échange de la maturité morale d'une part et de la jeunesse vive de l'autre, et cela contribua beaucoup à hâter son développement. En contact avec des esprits distingués, il déployait tout le charme du sien. Sa conversation était aussi simple que distinguée. Dans son langage pur et harmonieux, dans l'expression délicieuse de ses traits, sa pensée revivait tout entière; une émotion douce circulait dans toutes ses paroles; souvent la pointe gaie de son esprit perçait vivement, et toujours une sincère humilité le couvrait de son voile. Avec sa bonté, Jules avait un grand tact de jugement. S'il eût suivi sa pente naturelle, il eût facilement été assez mordant dans la critique; dans les bornes où il la retenait, c'était une fine et spirituelle appréciation des caractères.

A côté de cette vie d'études aimée et très absorbante, de douces amitiés, il menait aussi la vie du rêve, à vingt ans.

Que faire en un gîte à moins que l'on n'y songe? Il sentait trop la poésie de l'existence pour ne pas la rêver; il n'a fait que la rêver. L'avouerai-je? il y aurait eu sans cela une lacune dans cette nature si tendre, si harmonieusement chrétienne; mais le rêve aboutit rapidement chez lui à une tristesse douce qui se fond dans son amour pour Jésus et le rend plus intime. On conçoit que fréquemment son imagination ait passé du presbytère, embelli par une compagne aimée, aux ombrages d'un Port-Royal, abritant une vie d'études, de fraternité, de dévouement, dans un esprit plus libre que jadis.

« Je suis revenu ce soir, raconte-t-il, entre neuf et dix heures. C'était un clair de lune calme et pur, un ciel tout étoilé ; les parfums des chèvrefeuilles et des sureaux embaumaient la route. La tiède haleine d'une soirée de printemps animait plantes et animaux ; le cri saccadé du grillon, de loin en loin un son harmonieux du rossignol, une solitude complète, voilà ce que j'ai eu tout le long du chemin. Je vous laisse à tirer les conclusions d'un état pareil : c'est alors que les prudents conseils de ma mère bien-aimée sont tout à fait de saison. Du reste, ces idées de célibat ne sont pas si loin qu'on pourrait se le figurer. D'amoureux, on devient vite trappiste. Le bon Dieu décidera ; c'est ce qu'il y a de sûr et de précieux. »

Si je voulais résumer d'un mot la vie de Jules à Genève, je dirais : il vivait véritablement. Aucun élément ne prédominait exclusivement, ni l'étude, ni la société, ni les doux loisirs ; mais tous se fondaient harmoniquement, et ainsi sa vie extérieure reflétait l'harmonie de toutes ses facultés qui nous laisse l'impression de l'accord parfait d'une musique dont les sons se répondent.

Après de brillants examens dont il ne parle pas, par la raison, écrivait-il quand on le lui demandait, qu'il avait obtenu l'appréciation la plus élevée, il revint dans sa famille.

Il y revint paré de tous les beaux dons que Dieu lui avait faits. Sa belle figure rayonnait de joie et de débonnaireté, et sa taille était élégante. Nul n'a plus possédé l'éclat de la santé, et l'on peut dire que la jeunesse s'épanouissait en lui dans sa fleur la plus brillante. Cette année de solitude, en le mûrissant, lui avait laissé toute sa candeur. Aussi docile que quand il n'avait jamais connu l'indépendance, sa douceur ne se démentait jamais, et le jeune homme obéissait à la moindre observation de ses parents comme avait obéi l'enfant. Du reste ses rapports avec eux étaient délicieux. On ne saurait mieux définir les sentiments qu'il éprouvait à leur égard qu'en disant que c'était la plus tendre et la plus respectueuse des amitiés. Dans cette relation, la tendresse se proportionne au respect, et réciproquement. Je crois qu'il est peu de cœurs dans lesquels le sentiment filial ait tant occupé de place que dans le cœur de Jules. Il trouvait dans ses affections de fils le charme exquis de la sympathie qui ne constitue pas nécessairement le lien de la famille. Son intimité avec ses parents était à ce point où les paroles ne font plus douloureusement sentir la distance entre les âmes. La même âme coule en elles. Converser ainsi, c'est sentir, c'est penser à deux reprises.

Dans une campagne charmante, continuant ses chères études, toutes les bénédictions de la vie de Jules furent comme condensées dans ces deux mois rapides. Que de fois parcourant avec sa sœur la belle forêt de Saint-Germain, goûtant le bonheur des impressions partagées, il passa de ces heures célestes où l'âme sent toutes ses facultés vivre avec intensité et s'unir dans un recueillement ému, dans une ardente prière !

Chaque dimanche, Jules était chargé du culte pour la famille et quelques amis qui s'y joignaient. Sa prédication, c'était lui, simple, intime, humble. Elle était belle d'une douce et pénétrante beauté. Il était mortifié de devoir enseigner ceux qui le devançaient dans la vie. C'est pourquoi il s'étudiait avec un soin jaloux à se comprendre lui-même dans ses exhortations et ses répréhensions. Ceux qui l'ont entendu disent que son expression était céleste d'amour et de sainteté. Il y avait déjà sur son front le reflet de la lumière inaltérable dans laquelle il allait entrer.

Et en effet on le retrouvait dans tout son être. Nul sombre pressentiment ne l'attristait. Au contraire, jamais il ne s'était préparé avec plus d'entrain pour sa carrière. Peu de jours avant sa maladie, il écrivait pour *le Semeur* un article qui paraissait la semaine de sa mort, précieux témoignage rendu au nom de l'histoire à la cause de la liberté complète de l'Église. Nous retrouvons dans son journal, jusqu'au bord de son lit de maladie, la trace de ses préoccupations de pensée habituelles. On voit que le christianisme lui apparaît plus que jamais avec la largeur humaine dont on le dépouille trop souvent. En un mot, rien en lui ne montre la pensée d'une mort prochaine. Mais ne pouvait-on pas pressentir que de si beaux fruits ne devaient mûrir qu'au dernier soleil, à celui qui n'est déjà plus tout à fait de la terre? Sa mère avait un vague effroi de tant de bonheur. L'ange lui faisait d'avance pleurer son fils.

Voici une pièce de vers écrite par lui à cette époque, qui exprime mieux notre pensée que nous ne saurions le faire.

De mon cœur, ô muse fidèle !
En vain tu veux adoucir les ennuis,
Et sur ma lyre en vain, à chaque fleur nouvelle,
Naissent hymnes nouveaux bientôt épanouis.
Les chants que rêve un barde solitaire,
Ces chants si purs, si doux,
Chants de la terre,
Ce n'est pas vous.

En vain pour mon âme oppressée
Brille un bonheur prompt à s'évanouir ;
En vain la gloire, en tous lieux encensée,
De ses dons enchantés dore mon avenir.

Les biens que rêve un barde solitaire,
Les biens si purs, si doux,
Biens de la terre,
Ce n'est pas vous.

Tendre ou sublime, en vain, nature,
Tu viens briller à mes yeux étonnés.
Ce n'est ni de tes monts la sauvage parure,
Ni de tes vals en fleurs les parfums embaumés
Qu'ici-bas rêve un barde solitaire.
O cieux si purs, si doux,
Loin de la terre,
O cieux ! c'est vous.

O cieux, reprendrons-nous, si cela nous est possible,

1.

O cieux ! c'était bien vous ! Plus d'espoir, plus de rêve
Qui ne montât vers Dieu !
Quand tout à lui s'élève.
Le vent est dans la voile, et c'est le long adieu !

2.

O cieux ! c'était bien vous, et non un port tranquille
Où chercher le repos
Loin du trouble inquiet de la vie un asile
Non battu de ses flots.

3.

C'était vous seuls ! Pour lui bleue et calme était l'onde
Et les vents sans courroux.

S'il soupirait encor dans cette paix profonde,.
    Il soupirait pour vous.

4.

Pour vous, séjour divin de l'amour sans mélange,
    Dans le grand avenir,
Loin d'un triste présent, sur les ailes de l'ange,
    Il n'avait pas à fuir.

5.

L'aube lui dérobait sous ses clartés propices
    La vie et ses douleurs
Elle laissait encor sa rosée aux calices
    De ses brillantes fleurs.

6.

C'était le beau matin plein de chants, de lumière !
    Le voile de l'espoir
Comme une brume d'or embellissait la terre ;
    Qu'aurait-il pu vouloir ?

7.

O cieux ! c'était bien vous ; vie éternelle et sainte
    Où l'on possède Dieu.
Pure adoration, vers toi montait sa plainte !
    Aimer, voilà son vœu.

8.

Si son âme attendit, comme la vierge sage,
    Le minuit solennel,

Il n'ouït qu'une voix, il ne vit qu'une image
  Dans les gloires du ciel !

9.

Il ne vit que l'époux dans les noces royales :
  Il se vit sur son sein.
Auprès de cet espoir combien vous étiez pâles,
  O pompes du festin !

10.

O cieux ! c'était bien vous, et son âme embrasée
  De l'amour éternel
Se parait à nos yeux comme une fiancée
  Aux marches de l'autel.

11.

Il avait revêtu la mystique parure.
  D'un éclat aussi doux
Que les blancs vêtements ornant la neige pure
  Elle brillait pour nous.

12.

Une douceur céleste, un ineffable calme
  L'enveloppaient déjà.
Sur son paisible front l'œil cherchait une palme :
  Oui, l'époux était là.

13.

O cieux ! c'était bien vous ! Plus d'espoir, plus de rêve
  Qui ne montât vers Dieu.
  Quand tout à lui s'élève,
Le vent est dans la voile, et c'est le long adieu.

Hélas ! comme il fallut promptement le prévoir et le dire ce « douloureux adieu ! » Une maladie foudroyante l'emporta en huit jours.

Ne nous arrêtons pas sur ce lugubre souvenir. Ne revenons pas sur ces détails déchirants. Quand la victoire est remportée, on ne se lamente plus sur les fatigues et les angoisses du combat ! Pourquoi nous blesserions-nous le cœur à la pensée de ses souffrances, quand nous pouvons entendre son *alleluia* dans la gloire céleste ? Sans doute, quand on le voit dans le cercueil, lui, le jeune homme brillant ; quand on sent peser sur son corps la pierre qui ne se relèvera qu'au jour de la résurrection, on est tenté de retomber dans une sorte de désespoir. Mais rappelons-nous que nous pouvons et que nous devons jeter sur ces réalités désolantes le voile, non pas des illusions vaines, mais de certaines espérances. Que parlé-je de réalité ! La réalité n'est pas dans la poussière rendue à la poussière et dans ces hontes de la mort qui rappellent notre condamnation. Elle est dans cette communion avec Dieu, dans cette vue de Christ dont il jouit dans la paix des cieux ; en un mot, elle est dans la grâce qui l'enveloppe ! Nous avons vu sa tombe, il faut voir sa gloire, et opposer, par la vivacité de la foi, vue à vue.

Il s'endormit paisiblement ; brisé par le mal terrible qui avait si promptement détruit sa forte constitution, il put à peine parler le dernier jour, le samedi 15 août 1846.

« Comme sa vie, sa mort a été humble, écrivait un ami commun ; la nature de sa maladie et aussi, je crois, la nature de sa piété l'ont empêché de faire de grandes démonstrations ; il n'a pas même pu faire une profession de foi explicite, bien qu'il ait donné à ses parents la ferme assurance qu'il ne s'appuyait que sur son Sauveur. Ce n'a pas été un lit de mort triomphant aux yeux des hommes. Mais quand on songe comment Dieu l'avait insensiblement préparé à ce délogement, quel détachement de la terre il avait mis dans son cœur et avec quel amour pour le ciel il avait, pendant vingt ans, traversé comme au vol notre pauvre monde, on est plus que rassuré, on est humilié et excité au bien. »

O mon Dieu! donne-nous de nous abaisser devant tes desseins mystérieux, et de nous dire que si tes voies ne sont pas nos voies, c'est surtout parce qu'elles sont les voies de l'amour infini! Environne-nous des chants de délivrance de notre bien-aimé. Rien ne nous consolera mieux! Que son souvenir devienne une force dans notre vie spirituelle, et que nos regrets ne nous détachent de la terre que pour nous attacher au séjour « de l'amour sans mélange où, dans ton sein, ô Père, nous nous réunirons pour ne plus nous séparer dans l'éternelle adoration de tes perfections et de Celui qui nous a préparé la demeure! »

www.ingramcontent.com/pod-product-compliance
Lightning Source LLC
Chambersburg PA
CBHW051318060726
47596CB00004B/1371